L'ARCHIVISTE CITOYEN,

MÉTHODE PRÉCISE POUR ARRANGER les Archives.

Quoi qu'il en coûte, il faut se rendre utile.

L'ART de bien arranger les Archives est d'autant plus utile à la société, que la fortune & l'état des Citoyens sont consacrés dans ces dépôts précieux.

La confusion qui regne dans la plupart des Archives, provient du défaut d'ordre & de connoissance de cette partie, à laquelle personne ne s'est encore appliqué.

Elle provient encore de la nécessité où l'on s'est souvent trouvé de confier ce soin à des personnes peu versées dans cette partie, qui n'ayant cherché que leur avantage personnel, ont occasionné un dérangement réel dans les papiers des Communautés & des frais en pure perte.

Comment imaginer qu'on puisse, pour la modique somme de trois louis, s'occuper de l'arrangement des Archives de la plus médiocre Communauté ? Nous n'en voyons cependant que trop d'exemple, & nous avons fait expérience que toutes les opérations faites par ces personnes peu versées dans ce genre, n'ont servi qu'à augmenter le désordre & la confusion, & qu'il a fallu plus de tems pour les rétablir, que si on ne s'étoit jamais occupé de ce soin.

Il faudra bien qu'un Archiviste & des Commis entendus dans ce travail passent au moins vingt jours à l'arrangement des Archives ordinaires, que leurs honoraires soient au moins de deux cent livres ; il n'y a personne qui ne convienne qu'une dépense aussi modique en proportion de l'avantage que les Communautés en retireront, ne doive être faite sans regret.

Il seroit pour cela prudent que les Administrateurs de la Province ordonnassent successivement à toutes les Communautés une opération aussi essentielle.

L'ARCHIVISTE CITOYEN,

OU

MÉTHODE PRÉCISE

POUR ARRANGER LES ARCHIVES.

SECONDE ÉDITION,

Revue, corrigée & augmentée,

Par D'ESTIENNE, Écuyer.

A AIX,

Chez ANDRÉ ADIBERT, Imprimeur du Roi, vis-à-vis le Collège.

M. DCC. LXXVIII.
AVEC PERMISSION.

Il est donc intéressant de concourir à perfectionner un art dont la nécessité devient tous les jours plus important au public.

La nouvelle édition, avec des corrections & des augmentations, désigne la forme exacte & certaine pour parvenir à donner à des Archives un ordre & un arrangement qui puisse faire retrouver dans l'instant le papier qui seroit nécessaire.

Je ne traiterai dans cet ouvrage que des Archives des Communautés, des Villes, Bourgs, Villages, des Chapitres séculiers & réguliers, des Hôpitaux, des Maisons Religieuses & des Abbayes, dont les papiers ne sont pas arrangés, ce qui les prive de la connoissance de titres très-essentiels, & leur occasionne des procès dispendieux, faute d'avoir connoissance d'un acte qui leur auroit évité des frais considérables, & souvent auroit empêché peut-être la perte de leur procès.

J'entre dans une de ces Archives, je commence à prendre indistinctement tous les papiers.

Je mets à part ceux qui sont inutiles pour ne pas multiplier les objets en pure perte ; car l'arrangement consiste autant à élaguer les papiers qui ne sont pas nécessaires, qu'à donner l'ordre à ceux qui peuvent être utiles.

J'arrange ensuite tous les papiers utiles, à classe par classe, tous étant distingués par titres

& par date ; je mets le titre & la date fur le revers du papier avec un numéro ou une lettre alphabétique ; fi le papier eft écrit à chaque page, je l'enveloppe alors d'un carré de papier blanc fur lequel je fais cette opération.

Dès que la liaffe eft formée, je l'attache avec un ruban de fil rouge, à quatre travers de droigts de la tête de la liaffe, j'en fais de même à quatre doigts de la fin, enfuite je pofe un carton lifé, de la grandeur de cette liaffe, tant au deffus qu'au deffous, & je l'attache aux deux bouts avec un même ruban de fil rouge.

Sur ce carton je mets un numéro, qui fe fuit avec les autres liaffes, j'y tranfcrits un abrégé des titres des papiers qu'elle renferme depuis numéro un jufques au dernier, ou depuis la lettre A jufques à la derniere qui a été mife fur le dernier titre, en continuant ainfi par double & par triple A. &. s'il en a été de befoin.

J'écris enfuite fur ce carton l'époque de l'année de cette opération, avec le nom de l'Archivifte qui l'a faite.

Je prends enfuite une feuille de papier, j'y tranfcris tous les titres de cette liaffe de même que les numéros ou lettres alphabétiques, afin de me fervir de ce relevé pour former l'inventaire général de cette Archive ; je continue de même à chaque liaffe à chapitre par chapitre.

La liaffe étant formée à une groffeur proportionnée, j'y mets au devant un morceau de carton coupé en quarré ou en ovale, sur lequel j'y tranfcris le numéro de cette liaffe, avec un abrégé des pieces qu'elle contient, ainfi que leur nombre; je fais pendre ce morceau de carton par un ruban de fil rouge au devant de la liaffe, en l'ayant attaché au carton qui l'enveloppe.

Par ce moyen on voit au premier coup-d'œil où eft la liaffe du papier dont on a befoin, & on en trouve la piece en fuivant les numéros ou la lettre alphabétique qui nous l'indiquent dans le moment ; parce que tous les numéros ou lettres alphabétiques fe fuivent dans chaque claffe de papiers étiquetés à propos, & tranfcrits dans l'inventaire général qui eft la bouffole des Archives. Je numérote & conferve toute fes feuilles féparées & diftinguées pour m'en fervir à fournir l'inventaire général de cette Archive ; enforte qu'en voyant dans cet inventaire le chapitre qui indique la piece, par ce moyen on trouve facilement la piece dont on a befoin.

En élaguant des Archives les papiers inutiles, on les rend moins volumineufes, & on fe débarraffe de ces papiers qui ne fervent à autre chofe qu'à attirer des vers & des infectes qui les rongent ; mais il faut lire tous ces papiers pour connoître ceux qui font inutiles, afin de ne pas tomber dans le cas de rejetter ceux qui pourroient être utiles, & de conferver ceux qui ne le font pas. Voilà pourquoi il faut avoir travaillé à des Archives, & avoir acquis fur cette partie des connoiffances précifes & fondées fur l'expérience. Il eft encore très-néceffaire de fçavoir l'Italien & l'Efpagnol pour travailler aux Archives de Provence ; on y trouve journellement des titres écrits dans ces deux langues, qu'on ne fçauroit rapporter à leur claffe, fi on ne pouvoit pas les entendre. Je ne dis rien du latin, perfonne n'ignore que l'intelligence de cette langue eft d'abfolue néceffité pour tout Archivifte, dans quelque Province ou dans quelque Royaume qu'il puiffe fe livrer à un travail auffi effentiel.

Je ne me fers point de facs, comme l'on ufoit pour y renfermer les papiers, parce que ces facs attirent des vers, & étant fufpendus à la muraille, il n'eft pas poffible d'éviter l'humidité qui peu-à-peu pourrit les papiers.

Au lieu de ficelle qui coupe les papiers & engendre des vers qui les rongent, je me fers de rubans de fil rouge plats, qui tiennent les papiers bien ferrés & ne les coupent pas.

Je ne me fers pas non plus de papier pour former une enveloppe à la liaffe fur laquelle on tranfcrit l'abrégé des papiers que cette liaffe contient ; je me fers de cartons lifés,

dont

dont j'en mets un au deſſus & un autre au deſſous de la liaſſe que je ſerre avec des rubans de fil, & le carton ne ſe déchire pas auſſi facilement que le papier; c'eſt le moyen pour éviter la confuſion & le déſordre qu'occaſionne cette même enveloppe de papier lorſqu'elle eſt déchirée.

Dans cette premiere liaſſe je mets les titres les plus eſſentiels, comme titre de privilege, de franchiſe, d'immunité, confirmation des mêmes, hommages rendus, Arrêts d'enrégiſtrement, & toutes pieces eſſentielles pour quelque Archive que ce ſoit.

Je forme une ſeconde liaſſe des Edits du Roi, Déclarations envoyées à cette Communauté, afin que dans tous les tems l'on puiſſe connoître l'objet deſdites Déclarations & Arrêts du Conſeil, ainſi que l'époque préciſe de leur publication.

Je forme une troiſieme liaſſe des comptes des Tréſoriers à année par année, en obſervant de mettre *vacat* à l'année où il pourroit manquer; je dépouille ces comptes des pieces juſtificatives qu'on nomme vulgairement produit d'un compte; je mets ces pieces avec celles qui ſont inutiles (*).

―――――――――――――――――――

(*) *Nota* ces pieces inutiles ne regardent que les comptes avant trente années.

B

ce qui diminue beaucoup le volume d'une Archive. J'obferve de mettre dans ces comptes, l'état des penfions & des payements; je pourfuis de même jufques à ce que je fois à l'époque de trente années, qui eft celle fixée par la Loi, jufques à laquelle on peut recourir d'un compte de Tréforier; à ceux-ci je forme un inventaire de toutes les pieces qui juftifient le compte, je les étiquete par numéros, & j'en fais un bordereau que je mets avec le compte; j'en porte un double dans la feuille de papier qui doit me fervir pour former l'inventaire général des papiers de l'Archive au chapitre des comptes de tréforerie.

Je forme une quatrieme liaffe des extraits des actes quelconques, ou quittances volantes de penfions payées par la Communauté, foit en interêts ou en capital, ou en reftitution de penfion ou de cenfe, rachat ou extinction.

Je forme une cinquieme liaffe des procès perdus ou gagnés, j'y joins les Sentences, Arrêts ou arbitrages avec les Confultations.

Dans chacune de ces liaffes je ne fais que raffembler les pieces fans numéroter celles dont traite l'inventaire de production qui y a pourvu, foit par un numéro, ou par une lettre alphabétique.

Je forme une fixieme liaffe des cahiers d'affemblée de la Province à année par année.

Ces cahiers doivent être confervés avec attention, parce que les Communautés y trouvent des décifions qui leur font avantageufes à mefure des circonftances, & des articles qui leur font néceffaires pour leur adminiftration.

Je forme une feptieme liaffe des lettres de Monfeigneur l'Intendant, de celles de MM. les Procureurs du Pays & Confuls d'Aix, & d'autres relatives aux affaires de la Communauté, que l'on doit conferver pour y avoir recours à mefure des befoins journaliers.

Je forme une huitieme liaffe des cahiers qui font envoyés à chaque Communauté par MM. les Procureurs du Pays Confuls d'Aix, qui traitent des décifions fur le contrôle des actes, ouvrage qui eft très-intéreffant pour toutes les Communautés, dans lequel on y reconnoît la fageffe & la vigilance de MM. les Procureurs du Pays Confuls d'Aix, pour l'intérêt des habitans de cette Province.

On ne fçauroit trop conferver ces cahiers. Les Confuls de chaque Communauté en devroient faire part à leurs habitans, afin qu'ils y recourent dans le payement du contrôle de leurs actes, pour n'être pas la victime des demandes indifcretes.

Je forme une neuvieme liaffe des papiers qui traitent de la dîme, des droits feigneuriaux eccléfiaftiques, des procès & des décifions, foit par Arrêt de différentes Cours & Tribunaux ou arbitrages, des titres des

Chapellenies quelconques, des titres pour la réparation ou réfaction de l'Eglife Paroiffiale, du Clocher, Sanctuaire & autre, & enfin de tout ce qui a trait à la partie eccléfiaftique ; & cette liaffe doit être intitulée papiers eccléfiaftiques, de même que le chapitre qui en traitera dans l'inventaire général.

Je forme une dixieme liaffe de tous les titres de différentes fortes de papiers qui ont trait avec le Seigneur ou les Co-feigneurs, s'il y en a.

Je forme une onzieme liaffe des devis qui ont été faits pour différentes conftructions, réparations de chemins, ouvrages publics, ou tels que des comptes relatifs à ces différents objets.

Cette opération finie, je mets toutes les liaffes numéro par numéro dans l'armoire des Archives, & étant ainfi rangées par ordre, on trouve dans le moment la liaffe qui contient le papier dont on a befoin.

Les Archives doivent être dans un endroit enclavé, qui foit fec, les fenêtres doivent être barrées par des fers, & grillées par un fil d'archal, afin qu'on ne puiffe pas y jetter du feu.

Il ne doit point y avoir de tuyeau de cheminée le long des murailles qui entourent l'Archive.

Au deffus des Archives, ni à côté, il n'y

doit point avoir de grenier à paille & à foin, & au deſſous aucuns magaſins d'aucune eſpece de bois.

L'Archive doit être blanchie & viſitée de tems en tens, afin d'y boucher les trous que les rats pourroient y faire.

Il doit y avoir à la porte des Archives deux clefs, dont une doit être entre les mains d'un Conſul, & l'autre entre celles du Greffier.

L'endroit où l'on doit dépoſer les titres eſſentiels, comme les privileges & autres de cette eſpece, doit être une caiſſe à quatre clefs, les trois Conſuls en doivent avoir une, & le Greffier la quatrieme. Elle ne doit être ouverte pour prendre un de ces titres, que par une Délibération du Conſeil général qui en chargera celui auquel on le remettra pour l'uſage qu'on en voudra faire, & on le déchargera quand il le rapportera.

Pour plus grande sûreté on devroit former un livre, dans lequel on y copieroit tous les privileges & les titres eſſentiels d'une Communauté, & de toute autre Archive.

Après cette pénible opération, je mets tous les papiers inutiles dans des facs auxquels je mets papiers inutiles ; & je les dépoſe dans un coin de l'Archive.

je conſeille de brûler ces papiers inutiles, afin qu'il n'en demeure aucun veſtige, parce que ſi on les vendoit, il demeureroit au bas peuple illitéré une idée que les papiers qui portent le nom de la Communauté auroient pu lui être utile ; & s'ils demeurent dans des facs, l'on peut tôt ou tard avoir le defir de les vifiter, ce qui cauferoit une dépenfe inutile à cette Communauté. Mais cette opération ne doit fe faire qu'après l'avoir décidée dans un Confeil général tenu à ce fujet, & l'avoir fait approuver par Monfeigneur l'Intendant, dont l'Ordonnance doit être dépofée dans les Archives.

Je prends enfuite toutes les feuilles de papiers dans lefquelles j'ai infcrit les titres, les numéros, les lettres alphabétiques des liaffes de papier que j'ai dépofées dans les Archives.

Je les infcrits chapitre par chapitre dans un grand livre à proportion du nombre des liaffes. Ce livre eft intitulé : inventaire général des papiers des Archives de cette Communauté, ou Chapitre, ou Abbaye &c.

Chaque chapitre étant fini, je compte la quantité des pieces, je tire deffous une ligne, & j'y pofe en chiffre le nombre de fes papiers.

En récapitulant à la fin de cet inventaire tous les nombres chapitre par chapitre, on reconnoît la quantité de pieces qui font dépofées dans cette Archive.

Cet inventaire étant fini, l'opération de l'arrangement de cette Archive eft finie.

Je fais alors au bas de cet inventaire un procès-verbal qui conſtate cette opération. J'appelle MM. les Maire-Conſuls, leſquels après avoir fait les dues vérifications, ſe chargent au bas de cet inventaire des pieces qui ſont dans leurs Archives.

Voilà comme dans chaque Conſulat, d'année en année, les papiers ſeront conſervés, & le moyen de les trouver facilement au moment qu'on les cherche. Je remets aux Adminiſtrateurs le procès-verbal que j'ai fait à ſéance par ſéance, dans lequel on y retrouve les jours & les heures de travail employées à cette opération, duquel je conſerve un extrait collationné par le Greffier.

Pour éviter que les papiers nouveaux qui ſurviennent chaque année ne jettent point de confuſion dans les Archives, il ſeroit à propos que l'on choisît pour Greffier un Notaire ou Bourgeois du Lieu, auquel on donneroit le titre d'Archiviſte-Greffier, en lui donnant des appointemens plus conſidérables que ceux qui ſont fixés actuellement ; en le chargeant du ſoin des Archives, il auroit ſoin d'y ajouter les nouveaux titres & les pieces qui méritent d'être conſervées, il lui ſeroit ordonné de ne jamais délivrer que des extraits ; & dans le cas où les pieces dont on auroit beſoin fuſſent trop volumineuſes, ce Greffier feroit faire un chargement au Maire ou Conſul qui s'en chargeroit, qu'il metétoit avec le même numéro ou lettre alphabétique à sa place, dans la liasse dont il l'auroit retiré ; ensorte qu'à la fin de chaque Consulat, chaque piece pût rentrer dans les Archives, parce qu'on sçauroit où elle est.

Ce Greffier à la fin de chaque année en suivant le style de l'Archive, formeroit des commencemens de liasse de tous les papiers à classe par classe, il les enrégistreroit dans un livre qu'il intituleroit inventaire courant des nouveaux papiers, & dans dix comme dans douze années que les liasses nouvelles seroient à une certaine grosseur, il les enrégistreroit par chapitre au grand inventaire déposé dans l'Archive.

Dans le même tems il porteroit un double de cet enrégistrement à l'inventaire général qui seroit déposé aux Archives de la Province, qu'il parapheroit au bas, en déclarant que l'état des mêmes pieces est déposé à l'inventaire général qui est à la Communauté, en y mettant au bas le double du certificat des Maire & Consuls qui auroient fait leurs déclarations, & ceci n'est que dans le cas où la Province n'eût pas approuvé de nommer un Inspecteur général des Archives des Villes, Bourgs & Villages de la Province, parce que si cet Inspecteur étoit une fois nommé, ce seroit à lui d'insérer dans les inventaires déposés au Greffe de la Province, les mêmes pieces qu'il auroit fait enrégistrer

dans

dans les inventaires des Communautés, & le chargement qu'il en auroit fait aux Maire & Confuls.

Les Communautés Religieufes des deux fexes, Chapitre féculiers & réguliers, Abbayes, Hôpitaux, Seigneurs & particuliers, doivent avoir la même attention pour l'inventaire général de leurs Archives.

Les Communautés qui ont des privileges, immunités, franchifes, titres effentiels, ne doivent point oublier de les faire confirmer à chaque changement de regne, prêter leur hommage, & les faire enrégiftrer à la Cour des Comptes, Aides & Finances, & au Bureau du Domaine du Roi.

Il paroît néceffaire que dans une Province il y foit nommé un Archivifte-Infpecteur général des Archives des Villes, Bourgs & Villages de cette Province, lequel iroit toutes les années vifiter une partie des Communautés, pour voir fi on fuit la regle prefcrite pour l'arrangement des papiers, en continuant les années fuivantes ; & dans deux ou trois années, il auroit vifité toutes les Archives de la Province, & recommenceroit enfuite de même ; enforte que ce moyen feroit efficace pour que dans tous les tems les Archives des Communautés fuffent en regle.

Cette partie eft très-effentielle, la tranquillité des Citoyens en dépend ; parce que les dé-

C

penses des Communautés augmentant, le poids des charges sur les citoyens augmentent.

En attendant que M. M. les Procureurs du Pays de Provence se soient déterminés sur le choix de cet Inspecteur, on peut s'adresser à nous pour l'arrangement des Archives.

Nous osons dire que celles que nous avons arrangées déposent en faveur de notre système, & sont un titre qui doit nous mériter la confiance du public; mais nous exhortons les Communautés à nous envoyer l'inventaire général que nous leur avons fait, afin d'en faire un extrait qui puisse être déposé dans les Archives de la Province.

Il résultera de cette opération nécessaire, des grands avantages; les Communautés en cas d'incendie, *dont Dieu les préserve*, trouveront tous les renseignemens de leurs titres, soit au Greffe des différentes Cours souveraines & autres Tribunaux.

Le public y trouvera celui de pouvoir s'assurer aux Archives de la Province, dont l'accès est toujours libre, si le titre qu'il est intéressé à connoître s'y trouve; dans ce cas il s'adressera à la Communauté, & en cas de refus, à la justice de l'Intendant de la Province, qui a inspection sur toutes les Communautés.

C'est dans les Archives des Villes, Bourgs, Villages, où l'on trouve les titres de presque toutes les familles. C'est donc en visitant leurs

Archives que chaque Citoyen trouvera des pièces essentielles ; ce dépôt aux Archives de la Province sera donc utile à chaque particulier.

Un Archiviste avant de partir de la Ville, Bourg ou Village où il aura arrangé l'Archive, doit numéroter la quantité des cadastres, & les livres des Délibérations, en porter la quantité dans un Chapitre de l'inventaire général, en spécifiant la quantité de pages que chacun de ses livres contiennent.

Il conviendroit aux Communautés d'envoyer chez l'Archiviste qui aura arrangé leur Archive, tous les livres des Délibérations, afin qu'il mît à côté à la marge de chacune le contenu des délibérés, ce qui seroit fort utile selon les circonstances, relativement aux propositions qui ont pu anciennement être faites dans les Conseils municipaux, ce qui procureroit des renseignemens utiles.

Il en coûteroit moins aux Communautés de charger l'Archiviste de cet ouvrage nécessaire lorsqu'il est chez lui, qu'en étant sur les lieux, parce que ce travail seroit soumis à la fixation que prononceroit l'Intendant de la Province.

De même que le travail pour l'inventaire général qui seroit déposé à la Province par chaque Communauté.

Afin de faciliter notre travail, & pour ne pas perdre un tems précieux aux Communautés qui veulent procéder à l'arrangement de leurs Archives, & pour rendre ces opérations plus courtes & moins dispendieuses, nous avons attaché à nous le *sieur Hortos*, ancien Procureur au Siége, dont l'intelligence nous est connue, afin que nous aidant dans nos opérations, & parvenant à la connoissance parfaite des parties qui forment un bon Archiviste, il puisse en nous aidant nous succéder un jour dans une partie aussi essentielle pour les Archives des Villes, Bourgs, Villages, Communautés Religieuses des deux sexes, Chapitres séculiers & réguliers, Abbayes & Hôpitaux.

Résumons nos réflexions sur cette partie essentielle des Archives des Communautés.

Il est de l'intérêt de la Province que toutes les Communautés se hâtent de faire arranger leurs Archives.

Les Seigneurs des terres y trouveront alors les titres qui assurent leurs droits, les Communautés y trouveront ceux qui assurent les leurs.

L'union, la paix entre les Seigneurs & les Vassaux renaîtra par cette opération.

Le poids des tailles diminuera en peu de tems, parce qu'on évitera des procès qui absorbent presque toujours les revenus publics.

On procurera des moyens pour remplir promptement & sans gêne la répartition des impôts que la Province fupporte, par la néceffité de contribuer aux charges de l'Etat.

Le produit des impofitions n'étant point diftrait, fera affecté en valeur à l'acquittement des charges générales & particulieres, le peuple fe trouvera dans l'aifance ; on pourra peut-être parvenir vraifemblablement à diminuer le poids des tailles fous lequel plufieurs Communautés gémiffent.

VU la méthode ci-deffus pour l'arrangement des Archives : nous, Maire-Confuls & Affeffeur d'Aix, Procureurs du Pays de Provence, Lieutenants-Généraux de Police, permettons à l'Auteur de la faire imprimer. Fait à Aix au Bureau de Police, le 4 Avril 1778. *Signés*, PIQUET DE MEJANES, C. d'Aix, P. D. P. L. G. D. P. POCHET, Affeff. d'Aix, P. D. P. L. G. D. P. THOMASSIN DE SAINT-PAUL, C. d'Aix, P. D. P. L. G. D. P. OLLIVIER, C. d'Aix, P. D. P. L. G. D. P.

COPIE du Certificat du Juge Royal, Officiers municipaux & autres de la ville de Gardanne.

Nous Souffignés, Juge Royal, Maire & Confuls, anciens & modernes, Commiffaires nommés par Délibération du Confeil de Ville pour procéder à l'arrangement des papiers des Archives de cette Communauté, Greffiers anciens & nouveau, poffédants-biens des plus allivrés & autres, certifions que noble Antoine d'Eftienne de la ville d'Aix, qui a été nommé par Délibération du Confeil municipal de cette Ville pour l'arrangement des papiers de fes Archives, s'eft acquitté de fa commiffion avec zele, attention, & connoiffance parfaite de cette matiere; qu'il a arrangé les papiers qualité par qualité, les a arrangés par ordre, en diftinguant les claffes de papiers qu'il a cartonnées dans des liaffes différentes, étiquetées, numérotées & cartonnées, dont le nombre des liaffes eft de cinquante-quatre, contenant fept mille trois cent foixante-dix-fept pieces; qu'il a de plus étiqueté & mis en place les cadaftres & les livres des Délibérations; & qu'enfin il nous a formé un inventaire exact, auquel on peut journellement recourir pour retrouver les papiers meilleurs ; qu'il a débarrassé les Archives des papiers inutiles, dont le nombre est au-delà de quatre mille, qu'il a déposés dans une couffe & dans deux grands sacs qu'il a étiquetés papiers inutiles ; qu'il n'a demeuré à cette opération que trente-un jours, compris ceux de son arrivée & de son départ & de trois jours de Dimanche ; & qu'enfin il a déposé dans nos Archives un verbal de ses opérations journalieres, séances par séances, dans lequel on reconnoît jusques aux heures de travail qu'il a employé, lequel verbal est signé à chaque séance, du Consul, d'un Commissaire, & des Greffiers anciens & nouveau. En foi de quoi nous lui avons expédié le présent Certificat. A Gardanne le seize Mars mil sept cent soixante-dix-huit. *Signés à l'original*, Raibaud, Juge Royal ; Aubert, Maire premier Consul ; Pontier, Maire second Consul ; Amic, Commissaire ; Coullet Commissaire ; Barret, Greffier de cette année ; Bourgal, Notaire, Greffier de l'année derniere ; Rey, Bourgeois ; Garoutte, Bourgeois ; Tavan, Bourgeois ; Malbert, Notaire ; Icard ; Antoine Car ; Vincens Car ; Deluy.

Nous croyons que ce petit Ouvrage sera utile aux Maire-Consuls & aux Greffiers chargés des Archives des Communautés ; on le trouvera chez le sieur *Surre*, Libraire au Cours, près le Café du sieur Guyon, & chez le sieur *Chevalon*, Libraire à la place des RR. PP. Dominicains, ainsi que chez le sieur *Barthelemy*, Marchand Quinquailler, place du marché aux grains, & chez le sieur *Revés*, Fabricant de drap, rue des Cardeurs.

Le prix est de douze sols.

Le sieur d'ESTIENNE *se transportera par-tout où il sera appellé. Les personnes qui lui feront l'honneur de lui écrire pour avoir des renseignemens sur la partie des Archives, auront soin d'affranchir les lettres.*

NOTICE

Des Articles formant la collection complette des Ouvrages de feu M. DE PLANAZU, sur l'Agriculture et l'Economie rurale, et que l'on peut se procurer chez la veuve de l'AUTEUR, rue Neuve Saint-Eustache, n°. 1.

Madame DE PLANAZU *a l'honneur de donner avis que pour satisfaire à l'empressement des Cultivateurs, qui ont sollicité le rabais des œuvres d'Agriculture de feu son époux, afin de pouvoir se les procurer; et les souscriptions étant entièrement remplies, elle délivrera ce qu'il lui reste de collections complettes, au prix de 9 liv. prises chez elle, et 12 liv. rendues, franches de port, par-tout le Royaume. Cet Ouvrage contient vingt-six Traités, grand in-4°., avec 30 planches gravées et enluminées.*

Pour entrer dans les vues des personnes qui desireroient se procurer seulement qu'un ou plusieurs de ces Traités, elle continuera toujours de les vendre séparément à un rabais proportionné.

Madame DE PLANAZU *donnera des notices gratis à ceux qui voudront connoître cet ouvrage.*

ARTICLE I. Traité sur les causes de l'état de langueur et d'engourdissement de l'Agriculture en France, dédié au Roi. . . . 1 liv.

Les causes de l'état de langueur et d'engourdissement de l'agriculture en France sont en grand nombre, et semblent toutes concourir à anéantir cette première richesse d'un Etat, et à rejetter avec mépris les bienfaits du Créateur, et les dons précieux de la nature; l'auteur en traite quatre principales:

1°. L'abus des fermes générales;

2°. Le peu de secours qu'a le Cultivateur.

3°. L'abus des trop grandes propriétés et les coutumes de plusieurs Provinces, qui autorisent à faire des aînés, même parmi les habitans de la campagne.

4°. Le peu de ressource qu'a le propriétaire d'immeubles pour améliorer, vendre ou échanger.

II. Traité sur les moyens simples de composer un engrais des plus économiques et des plus avantageux, dont la qualité est multipliée au point que l'on peut amender 4 à 5 arpens de terre, où sans cette opération, il y auroit à peine de quoi en amender un, avec une Planche gravée et enluminée; dédié à M. le Duc d'Aumont, pair de France. . . . . . 1 liv.

Cet engrais, non-seulement contient une quantité de sel, mais il joint encore l'avantage précieux d'éviter les sarclages multipliés, de tuer les insectes, et d'en purger la terre où on le met; il n'a point le désavantage de brûler ou trop échauffer la terre et la dessécher; il a en outre l'avantage d'être apprêté facilement dans toutes les Provinces du Royaume.

III. Traité sur les moyens simples de tirer le parti le plus avantageux des terres, par la culture des prairies hautes, notamment par celle du sainfoin, préférable à toutes les autres dans une grande culture, avec un tableau gravé et enluminé de la division des terres labourables en douze sols, de façon que chaque année toutes les terres soient toujours en activité sans diminuer leur fécondité, et rapportent beaucoup plus amplement, sans être assujetties à des frais de culture aussi considérables ; dédié à M. Bertier, Intendant de la Généralité de Paris. 1 liv.

L'on voit, par ce tableau de division, que telle quantité de terre qu'ait un Propriétaire, il ne doit jamais en avoir d'incultes, en repos ou en jachères ; ce tableau fait parfaitement sentir cette assertion.

IV. Traité sur la culture de la Pomme de terre, et les moyens d'extraire la farine, fécule ou amidon de cette racine, par un moulin d'une construction simple et facile, avec une Planche gravée et enluminée ; dédié à M. Bertier, Intendant de Paris. . . . . . 1 liv.

Ce Traité démontre les avantages de la culture des Pommes de terre, donne les moyens de conserver ces racines pendant l'hiver à l'abri des gelées, indique différentes manières de les préparer pour en faire une nourriture saine et agréable, et les employer pour celle de différens animaux, donne les moyens d'en tirer la farine pour en faire du pain, de la pâtisserie, des gelées, &c. ; avec la manière de tirer de ces racines, l'eau-de-vie la plus spiritueuse.

A ij

V. Traité sur l'usage des différentes Herses, avec la description d'une Herse à cylindre, propre à la division et à l'ameublissement des terres les plus argilleuses, avec une Planche gravée et enluminée ; dédié à M. le Comte de Rougé, Lieutenant-général des armées du Roi. . 12 sols.

Personne n'ignore que l'ameublissement des terres est de première nécessité en agriculture. Un Agriculteur avoit imaginé une Herse cylindrique, qu'il avoit cru propre à cette opération ; mais l'usage n'a point répondu à cette attente. Les dents de la Herse se chargeoient promptement de terre, ainsi que les chassis dans lequels les cylindres étoient contenus, et le tout ne formoit plus alors que deux rouleaux, qui n'avoient plus de prise pour diviser la terre. Des dents dormantes, et un levier ajouté à cette machine, ont rendu tout le service que l'on devoit en attendre : elle n'est point dispendieuse, et est très-simple.

VI. Traité sur les différentes manières de semer, avec la description d'un Semoir nouveau, de l'invention de l'auteur, et une Planche gravée et enluminée ; dédié à M. le Comte de Sainte-Aldegonde. . . . 12 sols.

Ce Semoir simple économise infiniment les semences ; il n'y a pas un grain qui ne soit recouvert, et par-là ne reste ni en proie aux oiseaux, ni en défaut de culture.

VII. Traité sur les moyens de cultiver toutes sortes de fourrages de Prairies, tant hautes que basses, et de les conserver par le moyen d'un ventilateur, suivi d'une instruction sur les soins et les amandemens que l'on doit donner aux Prés, avec cinq Planches gravées et enluminées; dédié à M. de. la Duchesse de la Trémoille. 1 l. 10 s.

La culture des Prés est la première et la plus importante de l'agriculture. En général, on n'apporte point assez d'attention, ni de précaution à la conservation des fourrages, sur-tout dans une terre abondante en Prairies naturelles ou artificielles, où le défaut de bras occasionne souvent une lenteur préjudiciable à cette récolte, parce qu'il est presque impossible que les foins soient tous fannés également. S'il y en a qui aient été mouillés, l'on met tout en grange, le mauvais fait corrompre le bon, et lui donne un goût désagréable; d'ailleurs, la violente fermentation d'un fourrage mal fanné, cause souvent des incendies terribles, contre lesquels il est nécessaire et prudent de se mettre en garde. Les moyens simples qu'a imaginé, à cet effet, M. de Planazu, doivent engager les Propriétaires à s'en servir. Ils ne sont point dispendieux, et offrent en outre un second avantage, qui est de pouvoir conserver toutes sortes de racines, à l'abri des gelées les plus fortes.

VIII. Description d'une machine, servant à découper les Turneps, et autres racines en terre, pour servir d'engrais, et d'une utilité reconnue pour dessoler les Prairies hautes, avec une Planche gravée et enluminée; dédiée à M. l'abbé d'Arvillars. . . . . 15 sols.

Cette Machine aussi simple qu'ingénieuse, supplée abondamment, et par le procédé le plus simple, aux engrais si nécessaires à l'agriculture et à l'amandement des terres. Elle est d'un grand secours pour toutes les défriches possibles.

IX. Description d'un Levier simple et point dispendieux, à l'usage des habitans de la campagne, qui ne peuvent se procurer les secours du cric, avec une Planche gravée et enluminée. . . . . 12 sols.

Il est bien des habitans de la campagne qui ne peuvent se procurer un cric; le coût de cette Machine les prive, dans une infinité de circonstances, de son usage : il n'est personne qui ne puisse se procurer celle-ci par la modicité de son coût et la facilité de sa fabrication.

X. Traité sur les bœufs. Comparaison des avantages des bœufs ou des chevaux pour la culture des terres. Manière de gouverner les bœufs dans leur éducation, dans leurs travaux et dans le commerce qu'on peut en faire. Description d'un nouveau joug, par le moyen duquel toute la force de ces animaux est employée. Des maladies les plus communes auxquelles les bœufs sont sujets, et des remèdes qui y sont propres, avec une Planche gravée et enluminée; dédié aux Cultivateurs. . . 15 sols.

Il est nécessaire d'alléger, autant qu'il est possible, la fatigue et les peines du bétail employé à la culture. Le bœuf, si nécessaire aux travaux principaux de l'agriculture, demande l'œil attentif de l'Econome rural, en concurrence avec celui du Physicien et du Mécanicien, pour juger des forces progressives de cet utile domestique.

XI. Description de différentes Sondes à terre, à échappemens, pour rechercher la nature et la qualité des terres à diverses profondeurs, moyens de s'en servir; avec une Planche gravée et enluminée; dédiée à M. de Rohan, Archevêque duc de Cambrai. . . . 12 sols.

Ces Sondes sont de la plus grande utilité, parce qu'à telle profondeur donnée, l'on amene sûrement la terre, la pierre, ou la mine, qui se trouvent à la profondeur de la Tarrière, sans crainte d'aucun mêlange de celle du parcours de la Tarrière. De quel avantage ces Sondes ne sont-elles pas à un Propriétaire, à un administrateur, soit pour s'assurer de la profondeur et de la qualité du sol de ses terres, soit pour connoître les richesses qu'elles renferment, soit enfin pour s'assurer, avant de les tenter, des avantages des fouilles, qui souvent, sans cette légère et peu dispendieuse opération, deviendroient infructueuses ?

XII. Description d'une machine à battre les grains, avec une Planche gravée et enluminée; dédiée à M. d'Havre et de Croy, Grand d'Espagne de la première classe. . . . 15 sols.

XIII. Traité sur la culture des Turneps, sur l'avantage de la nourriture des Bestiaux, avec ces racines, & description d'une Machine pour les hacher et découper ; manière de faire la Saour-Rouber, et les moyens de la conserver ; avec une Planche gravée et enluminée : dédiée

A iv

à M. le marquis de Brossard. . . . . 15 sols.

La recherche des moyens d'exécution prompts, faciles et peu dispendieux dans les travaux de l'économie rurale, a conduit M. de Planazu à imaginer une Machine simple et commode pour hacher les racines. Personne n'ignore les avantages qui résultent pour le bétail de la nourriture des racines, comme Turneps, Pommes de terre, Carottes, Raves, Panais, &c. ; combien il est dangereux de donner aux bestiaux ces racines entières, à cause du danger de strangulation pour des animaux qui avalent fort vîte, et combien il seroit long de les préparer à la main avec un couteau. Le mécanisme simple de M. de Planazu exécute leur division avec une promptitude étonnante.

XIV. Description d'un chariot propre à transplanter de grands arbres ; avec une Planche gravée et enluminée : dédié à M. de Lormerie, écuyer. . . . . . . 12 sols.

Avec le secours de ce chariot, on peut enlever et replanter un grand arbre, sans lui faire perdre sa position verticale : il offre les moyens de se procurer, en peu de tems, les allées les plus agréables.

XV. Description et explication d'une Machine pour conserver les fruits à pepin pendant l'hiver, de manière à les avoir aussi beaux et aussi sains qu'au tems de leur cueillette ; avec une Planche gravée et enluminé : dédiée à M. de Folleville, président à Mortier au Parlement de Rouen. . . . . . 12 sols.

L'œil attentif de l'Administrateur doit se porter sur toutes les parties de l'Economie rurale. Quel avantage n'y a-t-il pas pour lui de conserver une partie de ses fruits pendant l'hiver, pour en avoir au tems où leur rareté leur accorde un prix équivalent à leur mérite ?

XVI. Description et explication d'une machine Hydrolique, aussi simple qu'ingénieuse, au moyen de laquelle on peut élever et conduire les eaux en tel volume et telle quantité nécessaire, et telle hauteur et tel éloignement que l'on pourra desirer, soit obliquement, soit perpendiculairement ; avec deux Planches gravées et enluminées ; dédiée à M. l'abbé d'Arvillars. . . . . 1 l. 4 sols.

Cette machine peut être mise en mouvement par les quatre forces motrices, connues en méchanique, qui sont les hommes, les animaux, le vent ou l'eau. Pour donner une idée des avantages de cette Machine, il suffira de dire qu'elle peut procurer une quantité d'eau double, triple, &c. de celle que rend la Machine de Marli ; cette dernière coûte une somme considérable pour son entretien, tandis que celle de M. de Planazu ne coûteroit pas à beaucoup près la même somme pour son établissement. On pourra se procurer des eaux par-tout avec le secours de cette Machine, dont l'établissement, pour l'usage d'un particulier, n'est point dispendieux, ainsi qu'il est facile de s'en convaincre en jettant les yeux sur les Planches qui accompagnent sa description. M. de Planazu a encore cherché à diminuer le coût de cette Machine, en y adoptant des corps de fer au lieu de ceux de plomb.

XVII. Description d'un moulin à manivelle pour hacher les pailles et les feuilles; traité sur la manière de les donner en nourriture aux bestiaux, et de les conserver ; avec une Planche gravée et enluminée : dédiée à M. le comte de Rollat. . . . . 1 liv.

Ce Hache-Paille, bien moins fatiguant que le Hache-Paille Allemand, se meut par une manivelle à l'instar de ceux connus en Angleterre, mais il est moins compliqué ; il avance infiniment l'ouvrage, et ménage, pour les années de disette, un fourrage très-appétissant pour le bétail.

XVIII. Traité sur les Volailles et Oiseaux de basse-cour. Description et explication d'une Machine peu dispendieuse pour faire éclore des œufs sans poule; manière d'élever les poussins en telle quantité que l'on veut, au moyen d'un mannequin, avec une Planche gravée et enluminée ; dédié à Madame la comtesse de Laigle. . . . . . 1 liv.

De tout tems, les Egyptiens ont excellé dans la manière d'aider à la nature en cegenre. On a voulu les imiter en vain par des moyens aussi dispendieux qu'inutiles, et le résultat des expériences faites à ce sujet, ont été pour la plupart infructueuses. Les moyens simples que M. de Planazu a imaginé à ce sujet, surprendront infiniment, le principal mécanisme, consistant en une chaleur artificielle, égale, sans contact, imitant celle de la nature, et qui n'est point assujettie à l'attention scrupuleuse des degrés du thermomètre, étant réglée au volume. Lorsque les poussins sont éclos, il n'est pas possible de les laisser dans les fours, et ils ont cependant besoin de grande chaleur. M. de Planazu a vaincu cette difficulté, en imaginant un mannequin sous lequel les poussins se retirent, et jouissent de la chaleur qu'ils trouveroient sous les aîles d'une poule. Ce mannequin, qui s'éleve à volonté, est garni de roulettes, ce qui donne la facilité de promener les poussins, et les accoutumer à l'air de l'atmosphère.

XIX. Recueil contenant différens procédés d'Economie rurale; dédié à Madame la Duchesse de la Tremoille. . . . . 1 liv.

Ce Recueil contient trente procédés, tous intéressant pour un Econome intelligent, les uns sur les fruits, les autres sur les animaux, des recettes de liqueurs simples, à l'usage de la campagne, et des moyens de conserver différens grains, et de les préserver des maladies auxquelles ils sont sujets, &c.

XX. Machines pour découper les gazons. Traité sur les moyens prompts et faciles de les brûler, pour procurer aux terres un amendement considérable et avantageux, avec une Planche gravée et enluminée; dédié à M. le Prince de Monaco, Duc de Valentinois. 12 sols.

Ces machines méritent l'attention du Cultivateur et du Propriétaire, puisque dans deux heures on peut, par leur moyen, égazonner un arpent de terre en quarré uniforme.

XXI. Planche gravée et enluminée, donnant la méthode facile de planter, par le moyen d'un double cordeau, à des distances égales, sans que le planteur soit obligé de revenir sur ses pas pour piquer ses jalons ; dédiée aux Amateurs de l'Agriculture. . . 8 sols.

Cette méthode simple est d'un grand secours dans plusieurs opérations d'Agriculture.

XXII. Machine pour égluyer le Seigle, Planche gravée et enluminée ; dédiée aux Amateurs de l'Agriculture. . . . 8 sols.

Cette machine offre le double avantage de ne point rompre & briser la paille, et de conserver les balles des épis pour la nourriture du bétail, de conserver même les épis en tas, pour les battre en tems moins pressé : l'on jouit de la paille, le Seigle se retrait moins, étant resté quelque tems dans son épi, et par ce moyen il n'y a rien de perdu.

XXIII. Spectacle de la Nature, considérée dans les produits de l'Agriculture et de l'économie rurale, avec une Planche gravée ; dédiée au Roi de Prusse. . . . 1 liv. 4 sols.

XXIV. Description d'une Herse pour arracher le Chaume, avec une Planche gravée et enluminée ; dédiée à M. le Comte de Menardeau, Président du Grand-Conseil du Roi. 15 s.

Cet instrument aratoire, peu connu, mériteroit de l'être davantage par l'usage précieux dont il est. On trouvera, dans cet Ouvrage, une description de toutes les Herses connues.

XXV. Description de deux Machines, dont l'une sert à couvrir les sillons pour semer à des distances égales, et l'autre recouvre des semences après qu'elles sont semées ; avec une Planche gravée et enluminée ; dédiée à Madame la Duchesse de la Trémoille .. 15 sols.

Les moyens prompts et peu pénibles d'accélérer ces sortes de Semis, sont dûs à Madame la Duchesse de la Trémoille, qui, sensible à la peine que doit éprouver un homme courbé continuellement en demi-cercle pendant cette opération, engagea l'auteur à découvrir un moyen moins pénible et plus prompt de faire ces sortes de Semis ; l'intérêt qu'il a toujours pris lui-même à adoucir la peine du Cultivateur, l'obligèrent, à répondre à cette invitation.

XXVI. Traité sur les Abeilles, avec les moyens d'en tirer le parti le plus avantageux par le produit, la multiplication et la conservation de l'espèce. Description des Ruches et manière de les transvaser ; avec deux Planches gravées et enluminées ; dédié à Madame la comtesse de Pons. . . . . 1 l. 4 sols.

Nota. Ces vingt-six numéros sont les seuls qui puissent être reliés ensemble, sous le format *in-4°.*

Article I. *Format grand in-folio.* Tableau annuel de la Régie, Administration et Comptabilité des revenus d'une Terre, où l'on voit d'un coup d'œil, sans être sur les lieux, les produits de toutes les parties d'une terre quelque considérable qu'elle soit ; dédié à M. de Béthune-Charots, Pair de France, &c. 3 liv.

Ce dernier article étant de la plus grande utilité pour tous les propriétaires de fonds de terres, soit qu'ils afferment, soit qu'ils fassent valoir par eux-mêmes ou par un Régisseur, et généralement pour tous les Procureurs, Administrateurs de biens de main morte et tous autres comptables de revenus de terres, Madame la veuve de Planazu s'est déterminée à céder les exemplaires qui lui restent de cet article, au prix de 3 liv. à Paris, et 4 liv. 10 sols, franc de port, par-tout le royaume, au lieu de 6 liv. et 7 liv. 10 sols, qu'ils ont été vendus jusques à présent aux Souscripteurs.

Madame de Planazu se charge de procurer toutes espèces de graines des plus belles qualités pour les grandes cultures et autres, à fort bon compte ; ne se contentant, pour cet objet, que de ce simple déboursé.

Les personnes qui s'adresseront à elle voudront bien lui affranchir les lettres.

De l'Imprimerie de RIVET & ROUX, rue des Cordeliers, n°. 30.

CATALOGUE

DES LIVRES

DE LA BIBLIOTHÈQUE

DE M. ***

Dont la vente se fera, en la manière accoutumée, au plus offrant et dernier enchérisseur, en l'une des salles de l'hôtel de Bullion, rue Plâtrière, le **mardi** 19 avril 1791, et jours suivants.

N. B. *Il sera vendu au commencement de chaque vacation, un nombre très-considérable de bons articles, que le tems n'a pas permis de détailler sur le présent catalogue.*

Se distribue à PARIS,

Chez M. Siret, Huissier-Commissaire-Priseur, rue du Four, vis-à-vis celle des Cannetes, maison du Foureur.

1791.

Ordre des vacations de la vente.

Mardi 19 avril,   No. 1 à 56
Mercredi 20,   No. 57 à 112
Jeudi 21,   No. 113 à 169

L'Officier se chargera, sans intérêt quelconque, des commissions dont le public voudra bien l'honorer.

CATALOGUE

DES LIVRES

Provenant de la Bibliothèque de M. ***

THÉOLOGIE.

1 Biblia sacra Hebraicé Grecé et Latiné, cùm notis, Vatabli, 1586, 2 vol. in-folio.
2 Biblia Hebraica, ad Hooghtianam et optimas quasque editiones recensita atque cum brevi lectionum masorethicarum, Kethiban et Krijan resolutione et explicatione, etc. ad usum juventutis, edita à Joanne Simonis, Amstelod. 1753, in-8o. 2 vol broché.
3 Biblia sacra clero Galliano dedicata, Parisiis, Didot, 1785, 8 vol. in-8o. br. en cart.
4 Liber psalmorum Davidis Arabicè et Latinè, Romæ, 1614, 1 vol. in-4o.
5 Balinghem scriptura sacra in locos communes morum et exemplorum novo ordine distributa, Parisiis, 1705, in-folio.
6 Cérémoniale episcoporum, Romæ, 1 vol. in-folio, figures.
7 Office Romain noté depuis Prime jusqu'à Complies, pour tous les Dimanches de l'année et pour les Fêtes principales, avec les messes et processions, le tout sans aucune transposition de clef, Paris, 1782, 5 vol. in-12.
8 Missale Romanum Autuerpiæ, 1765, 1 vol. in-folio, veau doré sur tranche.
9 Origenis opera, ex editione P. Bened. Parisiis, 1733, 4 vol. in-fol. broc.
10 Sancti Anselmi opera; ex editione D. Gerberon, Parisiis, 1675, 1 vol. in-folio, gr. papier.
11 Conciliorum Galliæ collectio, opera et Studio Monacorum Congregationis Santi Mauri, Parisiis, 1789, in-folio, tomus primus, broché.

12 Sermones Hugonis de prato Florido de sanctis, Heydelbergæ, 1485, 1 vol. in-folio.
13 Sermons du Père Charles Frey de Neuville, Paris, 1787, in 12, 8 vol.
14 Sermons du Père Bourdaloue, Toulouse, 1780, 15 vol. in-12.
15 Sermons du Père Geoffroy de la compagnie de Jésus, Lyon, 1788, in-12, 4 vol.
16 Instruction en forme de Cathéchisme, imprimées par ordre de Mre. Charles Colbert, évêque de Montpellier, Rouen, 1788, 3 vol.
17 La religion considerée comme la base du bonheur par Mme. de Genlis, Maestricht, 1788, in 12.
18 Les Méditations du Père Segneri, 1738, 4 vol. in-12.
19 Pensées ou Réflexions chrétiennes du Père Neveu, Paris, 1759, 4 vol. in-12.
20 Dictionnaire des cas de conscience, par Pontas, Paris, 1741, 3 vol. in-folio.
21 Considérations sur les œuvres de Dieu, dans le règne de la nature, ouvrage traduit de l'Allemand, Lyon, 1788, 3 vol. in-12.

JURISPRUDENCE.

22 De l'autorité des deux puissances, par M. l'abbé Pey, Bruxelles, 1788, 2 vol. in-8o. broché.
23 Charlas de libertatibus ecclesiæ Gallicanæ, Romæ, 1720, 3 vol. in-4o.
24 Petri de Marca de concordia sacerdotii et imperii, Parisiis, 1704, in-folio.
25 Zeg. Bernardi Van-Espen opera, Lugduni, 1778, 5 vol. in-folio.
26 Padectæ Justinianæ à dom. Pothier, editæ, Lyon, 3 vol. in-fol.
27 Traités sur les coutumes Anglo-Normandes, par Houard, Rouen, 1786, 4 vol. in-4o.
28 Baluzii capitularia regum Francorum, curante P. de Chigniac, Paris, 1780, in-fol. chartâ magnâ.
29 Droit de la guerre et de la paix, par Grotius, traduit par Barbeyrac, Basle, 1768, 2 vol. in-4.

30 Le Droit des Gens ou Principes de la Loi naturelle, par Vattel, Amsterdam, 1775, in-4º.
31 Anciennes Loix des François, conservées dans les coutumes Anglaises, recueillies par Littleton, avec des Observations historiques et critiques, par Honard, Rouen, 1789, 2 vol. in-4º.
32 Les Oeuvres de Daguesseau, Paris, 1766, 13 vol. in-4º. broché.
33 Les Oeuvres de Cochin, Paris, 1771, 6 vol. in-4º.

SCIENCES ET ARTS.

34 Principes de politique, de finance, d'agriculture, de législation et autres branches d'administration, etc. par M. G. de diverses académies, Paris, 1790, in-8º. 2 vol.
35 La Balance naturelle, ou Essai sur une loi universelle, etc. par M. de la Salle, Londres, 1788, in-8º. 2 vol.
36 Mon Bonnet de Nuit, par M. Mercier, Lausanne, in-8º. 4 tom. rel. en 2 vol.
37 The spectator, London, 1780, 8 vol. gr. in-12, brochés.
38 F. de Roy, de missis dominicis eorum officio et potestate, Andegavi, 1672, in-4º.
39 Entretiens d'un jeune prince avec son gouverneur, par l'auteur de l'Ami des Hommes, et publiés par M. Grivel, nouv. édit. Lond. 1788, in-12. 4 vol.
40 Méchanique morale, par M. de la Salle, Genève, 1789, in-8º.
41 De la Philosophie de la Nature, ou Traité de Morale pour le genre-humain, tiré de la philosophie ou fondé sur la nature, cinquième édition, Londres, 1789, in-8º. 7 vol. pap. vélin, relié en veau, marbre allemand dorés sur tranche.
42 La Paligenesie philosophique, par Ch. Bonnet, Lyon, 1770, in-8º. 2 vol.
43 Idée du Monde, ouvrage curieux et intéressant, par M. Chevignard de la Pallu, Paris, 1788, in-12. 3 vol.

44 Doctrine des Mœurs, représentée en 100 tableaux, par Degomberville, Paris, 1646, in-fol. fig.
45 L'Ecole des Mœurs, par M. l'abbé Blanchard, Lyon, 1790, in-12. 3 vol.
46 Annales de la Vertu, par Mme. de Genlis, Paris, 1786, in-12, 3 vol.
47 De l'administration des finances de la France, par M. Necker, 1784, in-8o. 3 vol. papier de Hollande.
48 Dictionnaire des Arts et Métiers, contenant l'art de battre et moudre les grains. — L'art du Meunier. — L'art du Boulanger. — L'art du Sucrier. — Du Tonnelier. — Du Charbonnier. — Du Menuisier. — Du Carossier. — Du Facteur d'orgues. — De la Draperie. — De la Parcheminerie. — Du Cartonnier. — Du Cartier. — Du Paumier. — Du Raquetier. — Du Fabricant d'étoffes de Soie. — Du Tanneur. — Du Corroyeur. — De l'Hongroyeur. — Du Maroquinier. — Du Mégissier. — Du Chamoiseur. — De travailler les cuirs dorés — De la teinture en Soye. — De la Rafinerie. — De la Tapisserie à la façon de Turquie. — D'exploiter les mines de Charbon de Terre. — Du Tourneur. — Du Méchanicien. — Du Coutelier. — Du Potier de Terre. — Du Distillateur - Liquoriste. — Des Forges et Fourneaux à fer. — D'adoucir le fer fondu. — Des Mines. — De forger les Enclumes. — De la fabrique des Ancres. — De faire le Fil d'Archal. — De l'Epinglier. — Du Serrurier. — De convertir le Cuivre. — Du Treillageur. — Du plombier. — Du Fontainier. — Du Chaufournier. — Du Tuillier. — Du Briquetier. — D'exploiter les Carrières d'Ardoise. — Du Couvreur. — De la Porcelaine. — De l'Indigotier. — Du Savonnier. — De l'Amidonnier. — Du Brodeur. — De la Lingère. — Du Bourrelier. — Du Sellier. — De faire la Colle. — Du Relieur et Doreur de Livres. — De la Peinture sur verre. — Du Perruquier. — Du Chapelier. — Tailleur. — Cordonnier. — Chandelier. — Cirier. — De l'Art de la Mâture. — Du Fabriquant de Velours de Co-

ton. — Du Maçon. — De la Voilure. — Du Layetier. — De la Construction des Vaisseaux. — De faire usage des Instrumens d'Astronomie. — Traité général des Pêches et histoire des Poissons qu'elles fournissent, par M. Duhamel du Monceau, en tout 26 vol. in-fol. demie-reliure, et brochés.

49 Secrets concernant les Arts et Métiers, Caën, 1781, 2 vol. in-12.

50 Académie universelle des Jeux, nouv. édition, Amst. 1786, in-12, 3 vol. fig.

51 Traité général du commerce de l'Amérique, Amsterdam, 1783, 2 vol. in-4o. fig.

52 Leçons de Phisique expérimentales, traduites de l'Anglois, de Côtes, Paris, 1742, in-8o. fig.

53 Elemens des Sections Coniques, par M. Mauduit, Paris, 1767, in-8o. fig.

54 Essai analytique sur l'air pur et les différentes espèces d'air, par M. de la Métherie, seconde édit. Paris, 1788, in-8o. 2 vol.

55 Dict. des merveilles de la nature, seconde édit. Paris, 1783, in-8o 2 vol.

56 Figure de la Terre, par Bouguer, Paris, 1744, in-4o. fig.

57 Recueil de divers traités sur l'histoire naturelle de la terre et des fosiles, par Bertrand, Avignon, 1766, in-4o. fig.

58 Expériences sur l'action de la lumière solaire dans la végetation, par Senebier, Genève, 1788, in-8o.

59 Dictionnaire portif de santé, sixième édition, Rouen, 1789, in-8o. 3 vol.

60 Dictionnaire de chirurgie, Paris, 1767, 2 vol. in-8o.

61 Dictionnaire raisonné et universelle des animaux ou le règne animal; ouvrage composé d'après ce qu'ont écrit les Naturalistes anciens et modernes, les Historiens et les Voyageurs, Paris, 1762, 4 vol. in-4o, brochés.

BELLES-LETTRES.

62 Traité des Etudes, par Rollin, Paris, 1765, 4 vol. in-12.
63 Dictionnaire de l'Académie Françoise, Nismes, 1778, 2 vol. in-4o. broché.
64 Dictionnaire de la Langue Françoise, dit de Trévoux, Paris, 1768, 8 vol. in-fol. br. en cart.
65 Dictionnaire Allemand-François, et François-Allemand, à l'usage des deux nations, Strasbourg, 1789, dernière édition, 2 vol. in-4o. brochés.
66 Dionnaire Italien-François et François-Italien, par Alberty, Nice, 1788, 2 vol. in-4o. broché.
57 Nouveau Dict. portatif des langues Angloise et Françoise, par Nugent, augmentée par Chambaud, Lyon, 1788, in-8o. 2 vol. relié en un.
68 —— Le même, 2 vol. in-8o. broché.
69 Recueil de oraisons funèbres prononcées par Bossuet et par Fléchier, Paris, 1785, in-12. 2 vol.
70 Esprit, maximes et principes de Fontenelle, de Thomas et de Dalembert, de l'Académie Françoise, Paris, 1788 et 1789, in-12. 3 vol.
71 Pibracii tetrasticha Græcis et Latinis versibus expressa, Lutetiæ, 1584, in-4o.
72 Jérusaleme délivrée, poëme du Tasse, traduit de l'Italien, nouv. édit. Lyon, 1788, in-12. 2 vol.
73 Adèle et Théodore, ou lettres sur l'éducation, par Mme. de Genlis, Maestrecht, 1783, in-12. 3 vol.
74 Les Veillées du Château, par Mme. de Genlis, Maestrecht, in-12. 4 vol.
75 Le Paradis perdu, poëme trad. de l'Anglois, par M. Mosneron, Paris. 1788, in-8o. 2 vol.
76 Les Fables de la Fontaine, en vers latins, par le Père Giraud, le texte françois à côté, Rouen, 1775, 2 vol. in-8o.
79 Terentii comediæ, curante Westerhovio. la Haye, 1726, 2 vol. in-4o.
80 Petite Bibliothèque des Théâtres, années 1784 et suivantes, 74 vol. petit. format, brochés.
81 Théâtre de société, par Mme. de Genlis, Maestrecht, in-12. 2 vol.

82 Théâtre d'un Poëte de Sybaris, traduit pour la première fois du grec, Paris, 1788, 3 vol. petit format, papier vélin, brochés en carton.
83 Oeuvres complettes de Regnard, nouv. édition, Paris, 1790, in-8o. 4 vol. fig. gr. pap. vélin, br. en cart.
84 —— Le même papier fort, in-8o. 4 vol. fig. br. en carton.
85 Oeuvres de Regnard, nouv. édit. Paris, 1787, petit in-12. 4 vol.
86 Les chef-d'œuvres de Pierre et Thomas Corneille, nouv. édit. augmentée des notes et commentaires de Voltaire, Paris, 1788, pet. in-12. 4 vol.
87 Théâtre de Voltaire, nouv. édit. Toulouse, 1790, petit in-12. 12 vol.
88 Les chef-d'œuvres de Voltaire, nouv. édit. in-12. 4 vol.
89 Oeuvres de Gresset, nouv. édit. Amst. 1787, petit in-12. 2 vol.
90 Oeuvres complettes de Crébillon, nouv. édition, augmentée de vie de l'auteur, Paris, 1789, petit in-12. 3 vol.
91 Chef-d'œuvres de Pierre et Thomas Corneille, Paris, 1785, 3 vol. in-12.
92 Rolland furieux, poëme héroïque de l'Arioste, traduction nouvelle, par M. Dussieux, Paris, 1775, in-8o. 4 vol. remplis de superbes gravures, et reliés en veau, marb. Allemand.
93 Contes et nouvelles en vers, par J. de la Fontaine, 1787, in-8o. 2 vol. veau écaille, filets, fig. à chaque conte.
94 —— Les mêmes, 2 vol. petit format.
95 Les amours pastorales de Daphnis et Chloé, Bouillon, 1779, in-8o. fig.
96 Clarisse Harlove, traduction nouvelle et seule complette, par M. le Tourneur, Genève, 1785, in-8o. 10 vol. papier de Hollande, brochés, avec de superbes gravures.
97 Clarisse Harlove, traduction nouvelle et seule complette, par M. le Tourneur, Genève, 1788, in-12. 12 vol. brochés.

98 Le philosophe Anglois, ou histoire de Cleveland, fils naturel de Cromwel, par l'abbé Prévost, Londres, 1788, 6 vol. petit format.
99 L'Orpheline Angloise, par M. de la Place, Toulouse, 1784, in-12. 4 tom. rel. en 2 vol.
100 L'Isle inconnue, ou Mémoires du chevalier Desgatines, par M. Grivel, nouv. édit. Paris, 1784, in-12. 6 vol.
101 La Vie de Marianne, par M. de Marivaux, Londres, 1788, 4 vol. petit format.
102 Julie ou la nouvelle Héloïse, par J. J. Rousseau, Genève, 1788, 4 vol. petit format.
103 Contes et nouvelles de Marguerite de Valois, reine de Navarre, faisant suite aux contes de Bocace, Londres, 1787, 8 vol. petit format, remplis de figures.
104 Voyages imaginaires, romanesques, merveilleux, allégoriques, amusans, etc. Paris, etc. 38 vol. in-8º. figures.
105 Mémoires d'un homme de qualité, par M. l'abbé Prévost, 6 vol. petit format.
106 La Jardinière de Vincennes, 1790, 4 tom. rel. en 2 vol.
107 Le Doyen de Killerine, par l'abbé Prévost, nouv. édit. Londres, 1788, 4 vol. petit format.
108 Les liaisons dangereuses, par M. de la Clos, Amst. 1782, in-12, 4 tom. rel. en 2 vol.
109 Le Jouet du destin, ou les Aventures de Joseph Houdry, roman, traduit de l'Allemand, Genève, 1789, in-12. 2 vol.
110 La Vie et les Aventures surprenantes de Robinson Crusoë, nouv. édit. Amsterd. 1790, in-12. 4 tom. rel. en 2 vol. fig.
111 Histoire de Gilblas de Santillane, par M. le Sage, 1771, 4 vol. fig.
112 Lettres d'un Indien à Paris, sur les mœurs françaises et les bizarreries de cette capitale, par l'auteur des lettres de Clément XIV, Paris, 1789, in-12. 2 vol.
113 Le comte de Vallemont, ou les égaremens de la raison, par M. Girard, Paris, 1787, in-12. 5 vol.

114 Les Helviennes, ou Lettres provinciales philosphiques, par M. l'abbé Barruel, quatrième édit. Paris, 1789, in-2. 5 vol.
115 L'Espion Anglois ou corrrespondance secrette entre Milord All'eye et Milord All'ear, Londres, 1786. in-12, 10 vol.
116 Essais de Montaigne, Paris, 1785, Bastien, in-8o. 3 vol. brochés en carton.
117 Oeuvres complettes de Démosthênes et d'Eschine, trad. en françois par l'abbé Auger, Paris, 1788, 6 vol. in-8o.
118 Oeuvres complettes d'Antoine Arnaud, docteur de Sorbonne, y compris la perpétuité de la foi, Lausanne, 1780, 44 vol. in-4o. broché.
119 Oeuvres de Lucien, trad. du grec, avec des notes historiques et littéraires, et des remarques critiques sur le texte de cet auteur, Paris, Bastien, 1788, in-8o. 6 vol. brochés en carton.
120 Oeuvres complettes de J. J. Rousseau, Genève, 1782, in-8o. 33 vol. reliés en veau écaille.
121 Oeuvres complettes de Voltaire, édition de Kell, in-12, tirée sur format in-8o pap. vélin, formant 92 vol. rel. en veau porphyre, dorés sur tranche, superbe exemplaire.
122 Oeuvres complettes de l'abbé de Mably, Londres, 1789, in-8o. 12 vol.
123 Oeuvres d'Etienne Falconet, Lausanne, 1781, in-8o. 6 vol.
124 Oeuvres complettes de Montesquieux, nouvelle Edit. Amsterd. 1784, in-12, 7 vol.
125 Oeuvres complettes de M. de Florian, Neufchâtel, 1789, in-12. 6 vol.
126 Oeuvres de Gesner, trad. de l'Allemand, nouv. édit. ornée de figures, 1783, 3 vol. petit format.
127 Oeuvres complettes d'Helvétius; *aux deux Ponts*, 1784, 7 vol. in-12.
128 Oeuvres de M. le conte de Tressan, Paris, Paris, 1787, etc. in-8o. 10 vol.
129 Oeuvres de M. d'Arnaud, contenant ses nouvelles historiques ou romans, son théâtre, etc. in-8o. 9 vol. fig.

130 Oeuvres complettes de M. Vadé, avec les airs notés à la fin du dernier volume, dernière édition, Lyon, 1787, 4 vol. brochés.

131 Oeuvres badines ou morales de M. Cazotte, nouv. édit. seule complette, Londres, 1788, 7 vol. petit format, figures.

132 Oeuvres de Mme. du Boccage, Lyon, 1770; in-8o. 3 vol.

Histoire.

133 Histoire des découvertes et des voyages faits dans le Nord, par Forster, mise en françois par M. Broussonnet, Paris, 1788, in-8o. 2 vol.

134 Collection de tous les voyages faits autour du monde, par les différentes nations de l'Europe, rédigée par M. Berenger, Lausanne, 1788, in-8o. 9 vol. fig. brochés.

135 Voyage autour du monde, et principalement à la Côte du Nord-Ouest de l'Amérique, fait en 1785, 1786, 1787, 1788, à bord du King-George et de la Quenne Charlotte, par le capitaine Dixon, trad. de l'Anglois, par M. le Bas, Paris, 1789, in-8o. 2 gros vol. avec gravures et cartes.

136 Voyage en Pologne, Russie, Suède, Dannemarck, par William Cook, trad. de l'Anglois par Mallet, Genève, 1787, in-12. 4 vol.

137 Troisième voyage du capitaine Cook dans l'Océan pacifique, pendant les années 1776, 1777, 1778, 1779 et 1780, Paris, 1785, in-8o. 3 vol.

138 Lettre d'un voyageur Anglois, sur la France, la Suisse et l'Allemagne, trad. de l'Anglois, de Moore, Genève, 1781, in-8o. 2 vol.

139 Histoire ecclésiastique de Fleury, avec la table générale des matières, par Roncet, Paris, 1768; 37 vol. in-4o. brochés.

140 Abrégé de l'histoire ecclésiastique, par Racine, Cologne, 1763, 13 vol. in-4o. grand papier, brochés.

141 Histoire de l'église Gallicane, par Longueval, Toulouse, 1782, 18 vol. in-12. brochés.

142 Usserii annales veteris et novi testamenti, ab origine mundi, Genevæ, 1722, in-fol.
143 Acta sanctorum ordinis sancti benedicti, ed'entè Joanne Mabillon, Venetiis, 1733, 9 vol. in-fol.
144 Thesaurus anecdotorum novissimus seu veterum monumentorum precipué eccl. siaticorum collectio autore, R. P. B. Pezio; *Angustæ Vindelicorum*, 1721, 4 vol. in-fol. brochés.
145 Marii lupi de Parochiis antè annum Christi millesimum dissertationes tres, Bergomi, 1788, in-4º. broché.
146 Cérémonies et coutumes religieuses de tous les peuples du monde, représentés par des figures de Bernard Picard, et autres habiles artistes, nouvelle éditiou, enrichie de toutes les figures comprises dans l'ancienne, Amsterdam, 1789, 4 vol. in-fol.
147 Discours sur l'histoire universelle, par Bossuet, nouv. édition, Rouen, 1788, in-12. 2 vol.
148 Lettres sur l'Egypte, par M. Savary, seconde édit. Paris, 1786, in-8º. 3 vol. avec cartes.
149 Recherches philosophiques sur les Egyptiens et les Chinois, par M. de Paw, Berlin, 1784, 4 tom. en 2 vol. in-12, avec cartes.
150 Histoire des révolutions de Rome, par l'abbé de Vertot, nouv. édit. Amst. 1789, in-12. 2 vol.
151 Histoire du bas empire, par le Beau, Maestrecht, 1787, in-12. 24 vol.
152 Nouvel abrégé chronologique de l'histoire et du droit public d'Allemagne, Paris, 1776, 2 vol. in-4º.
153 Histoire de Naples, par Giannone, la Haye, 1742, 4 vol, in-4º.
154 Lettres de William Coxe à M. Melmouth, sur l'état civil et naturel de la Suisse, Lausanne, 1788, in-12. 2 vol.
155 Abrégé chronologique de l'histoire de France, par M. le président Henault, avec la continuation, jusqu'à la paix de 1783, Rouen et Paris, 1789, in-8º. 5 vol. relié en écaille.
156 Mémoires pour servir à l'histoire d'Anne d'Autriche, par Mme. de Motteville. Amsterdam, 1750, 6 vol, in-12.

157 Mémoires pour servir à l'histoire de Mme. de Maintenon, in-12. 16 vol.
158 Galeries de l'ancienne cour, ou Mémoires anecdotes pour servir à l'histoire des règnes de Louis XIV et de Louis XV, 1789, in-12. 4 vol.
159 Description historique de la ville de Paris et de ses environs, par Piganiol de la force, Paris, 1765, 10 vol. in-12. fig.
160 Tableau de Paris, par M. Mercier, in-8o. 12 tomes, reliés en 6 vol.
161 Histoire générale de Bourgogne, par dom Plancher, Dijon, 1739, 4 vol. in-fol. brochés.
162 Histoire philosophique et politique des établissemens et du commerce des Européens dans les deux Indes, par Guillaume-Thomas Raynal, Genève, 1780, in-4o. 4 vol. fig. et un atlas.
163 Dictionnaire des ennoblissemens, Paris, 1788, in-8o. 2 vol. reliés en un.
164 Dictionnaire portatif des femmes célèbres, Paris, 1788, in-8o. 2 vol.
165 Dictionnaire d'anecdotes, de traits singuliers, etc. nouv. édition, 1789, in-12. 2 vol.
166 Dictionnaire historique des grands hommes, par un société de gens de lettres, Caën, 1789, 9 vol. in-8o. brochés.
167 Histoire et Mémoire de l'académie royale des sciences, inscriptions et belles-lettres de Toulouse, Toulouse, 1782, 3 vol. in-4o. brochés, fig.
168 Vie des hommes illustres de Plutarque, trad. en françois par M. Dacier, Maestricht, 1778, in-12. 12 vol.
169 Histoire littéraire de Genève, par M. Senebier, Genève, 1786, in-8o. 3 vol.

www.ingramcontent.com/pod-product-compliance
Lightning Source LLC
LaVergne TN
LVHW020048090426
835510LV00040B/1535